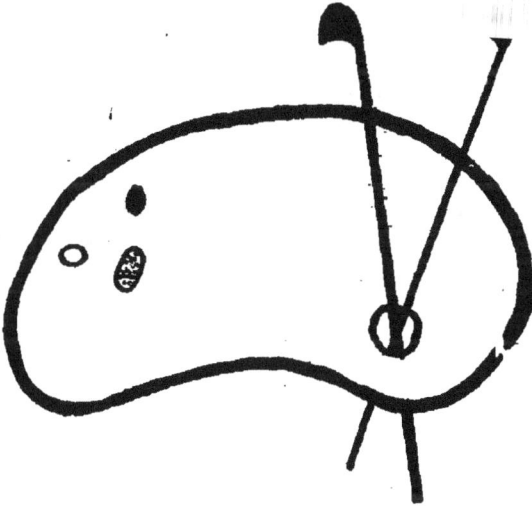

COUVERTURE SUPERIEURE ET INFERIEURE
EN COULEUR

POÉTIQUE

D'ARISTOTE

TRADUCTION FRANÇAISE

Par CH. BATTEUX

DE L'ACADÉMIE FRANÇAISE.

PARIS.

IMPRIMERIE ET LIBRAIRIE CLASSIQUES

De JULES DELALAIN et FILS

RUE DES ÉCOLES, VIS-A-VIS DE LA SORBONNE.

POÉTIQUE

D'ARISTOTE.

POÉTIQUE

D'ARISTOTE

TRADUCTION FRANÇAISE

Par CH. BATTEUX

DE L'ACADÉMIE FRANÇAISE.

NOUVELLE ÉDITION

REVUE ET CORRIGÉE.

PARIS.

IMPRIMERIE ET LIBRAIRIE CLASSIQUES

De JULES DELALAIN et FILS

RUE DES ÉCOLES VIS-A-VIS DE LA SORBONNE.

POÉTIQUE

D'ARISTOTE.

La poétique d'Aristote est écrite comme elle est pensée, avec un soin, un scrupule qui ne permet pas au lecteur la moindre distraction. Tous les mots y sont choisis, pesés, employés dans leur sens propre et précis; souvent une particule a besoin d'y être remarquée, méditée, à cause de ses rapports essentiels au sens : tout y est nerf et substance.

Il est malheureux qu'un pareil ouvrage ne nous soit point parvenu tout entier. Aristote nous annonce lui-même un plan plus étendu que ce qui nous reste. Il devait traiter en détail de la comédie, du drame satirique, des mimes, du nome, du dithyrambe, *etc.* Il devait parler de différentes espèces de vers, de chants, de rhythmes, et de leur emploi, selon les différents genres et les différentes parties de ces genres. Il devait expliquer au long les effets de ces mêmes genres, et en particulier celui de la tragédie, lequel, selon lui, était la purgation des passions. Rien de tout cela n'est dans la *Poétique* que nous avons. Mais heureusement on y trouve les grands principes, et quelques détails qui peuvent nous mener à ce que nous n'avons pas. On y trouve la définition exacte de la poésie prise en général, et les différences de ses espèces. On y trouve la néces-

sité de mettre dans un poëme une action, et une action
qui soit unique, entière, d'une certaine étendue; qui
ait un nœud, un dénoûment; qui soit vraisemblable,
intéressante; dont les acteurs aient un caractère, des
mœurs, un langage convenable, accompagné de tous les
agréments que l'art peut y ajouter. Il n'y est traité direc-
tement que de la tragédie, et par occasion de l'épopée;
mais ces deux genres sont si étendus, si analogues par
leur fonds et par leurs formes avec les autres genres, ils
sont traités avec tant d'adresse et tant d'art, que les
rapports des idées et même leurs contrastes, deviennent
des vues à peu près suffisantes pour juger des autres
espèces.

CH. BATTEUX.

POÉTIQUE.

CHAPITRE I.

La poésie consiste dans l'imitation. Moyens à l'aide desquels on imite; le rhythme, la mélodie, la mesure.

Je vais traiter de la poésie en elle-même, de ses espèces, de l'effet que doit produire chaque espèce, et de la manière dont les fables doivent être composées pour avoir la meilleure forme : j'examinerai quelle est la nature des parties et leur nombre; enfin je parlerai de tout ce qui a rapport à cet art, en commençant, selon l'ordre naturel, par les principes. L'épopée, la tragédie, la comédie, le dithyrambe, la plupart des airs de flûte et de cithare, toutes ces espèces sont, en général, des imitations. Mais, dans ces imitations, il y a trois différences : les moyens avec lesquels on imite, l'objet qu'on imite, et la manière dont on imite. Car, comme ceux qui imitent avec les couleurs et le trait exécutent les uns par certaines règles de l'art, les autres par l'habitude seule, quelques-uns par la voix; de même dans les espèces dont nous venons de parler, et qui imitent avec le rhythme la parole et le chant, l'imitation se fait ou par un seul de ces moyens ou par plusieurs ensemble. Par exemple, dans les airs de flûte ou de cithare, ou autres genres pareils, comme le chalumeau, il y a le chant et le rhythme. Dans la danse, il y a le rhythme, et point de chant : car c'est par les rhythmes figurés que les danseurs expriment les mœurs, les passions, les actions. Dans l'épopée, il n'y a que la parole, soit en prose, soit en vers; en vers de plusieurs espèces ou d'une seule, comme on a faitjusqu'ici. Car nous n'avons point d'autre nom générique pour désigner les mimes de Sophron ou de Xénarque, les dialogues socratiques [1], ou les autres imitations qui seraient écrites en vers trimètres, ou élégiaques, ou autres. Il est bien vrai que communément on applique au vers seul l'idée qu'on a de la poésie, et qu'on appelle les poëtes, les uns élégiaques, les autres héroïques, comme si c'était par le vers, et non par l'imitation, qu'ils fussent poëtes : que l'ouvrage soit sur la médecine ou sur la physique, on lui donne le même nom. Mais Homère et Empédocle n'ont rien de commun que le vers. Aussi le premier est-il vraiment un poëte, et l'autre un physicien plutôt qu'un poëte. Et si quelqu'un s'avisait, comme Chérémon dans son *Centaure*, de mêler dans un poëme des vers de toutes les espèces, mériterait-il le nom de poëte? Conservons en conséquence notre distinction. Enfin il y a des poésies qui emploient les trois moyens : c'est-à-dire le rhythme, le chant, le vers; comme les dithyrambes, les nomes, la tragédie, la comédie; avec cette différence seulement que les dithyrambes et les nomes les emploient tous trois ensemble dans toutes leurs parties, et que la tragédie et la comédie les emploient séparément dans leurs différentes parties. Telles sont les différences des arts quant aux moyens avec lesquels ils imitent.

CHAPITRE II.

Des objets de l'imitation poétique.

L'imitation poétique ayant pour objet de représenter des hommes qui agissent, il est nécessaire que ces hommes soient bons ou méchants, car c'est en cela que les mœurs consistent : c'est par la bonté et la méchanceté que les hommes diffèrent entre eux, quant aux mœurs. Il faut donc que les poëtes peignent les hommes

1. C'est-à-dire philosophiques; l'espèce pour le genre.

ou meilleurs qu'ils ne sont ordinairement, ou pires qu'ils ne sont, ou tels qu'ils sont; comme font les peintres. Polygnote les peignait plus beaux que nature; Pauson plus laids, Denys comme ils étaient. Or il est clair que les imitations dont nous parlons ne sont différentes que selon la diversité qui se trouve dans leurs sujets. Ces différences peuvent se trouver dans la danse, dans les airs de flûte et de cithare, dans les discours, soit en prose, soit en vers, sans accompagnement de chant. Homère a fait les hommes meilleurs qu'ils ne sont; Cléophon les a faits comme ils sont; Hégémon, inventeur de la parodie, et Nicocharis, auteur de la *Déliade*[1], pires qu'ils ne sont. Il en est de même des dithyrambes et des nomes : on peut faire comme Timothée et Philoxène, qui ont imité, l'un les *Perses*, l'autre les *Cyclopes*. Enfin la même différence se trouve dans la tragédie et dans la comédie : celle-ci fait les hommes plus mauvais qu'ils ne sont aujourd'hui, et la tragédie les fait meilleurs.

CHAPITRE III.

De la manière d'imiter.

Il reste une troisième différence, qui est dans la manière dont on imite. Car, en imitant les mêmes objets, et avec les mêmes moyens, le poëte peut imiter, tantôt en racontant simplement et tantôt en se revêtant de quelque personnage, comme fait Homère; ou en restant toujours le même, sans changer de personnage; ou enfin de manière que tous les personnages soient agissants, et représentent l'action de ceux qu'ils imitent. Voilà donc trois différences génériques : les moyens, les objets, la manière. Sophocle imite les mêmes objets qu'Homère,

---

1. Poëme sur la poltronnerie, parodie du sujet et du nom de l'*Iliade*.

parce qu'il peint en beau comme lui; et de la même manière qu'Aristophane, parce qu'il peint par l'action ou le drame. Car c'est de là qu'est venu le nom de drame, de l'imitation qui se fait par l'action. C'est même à ce titre que les Doriens s'attribuent l'invention de la tragédie et de la comédie. De la comédie : ceux de Mégare, nos voisins, disênt qu'elle est née chez eux, parce que leur gouvernement était populaire; ceux de Sicile disent la même chose, parce qu'Épicharme, Sicilien, est de beaucoup antérieur à Chionide et à Magnès. De la tragédie : pour le prouver, quelques-uns de ceux du Péloponèse font valoir l'étymologie des noms. Chez eux, disent-ils, les bourgades s'appellent κῶμαι, et chez les Athéniens δῆμοι : or ce mot κωμῳδοί (comédie) vient, selon eux, non de κωμάζειν (faire festin), mais de ce que les farceurs, ayant été chassés de la ville, erraient dans les bourgades. Les Athéniens, d'ailleurs, disent πράττειν (agir) et les Doriens δρᾶν. Telles sont les différences qu'on observe dans les imitations, leur nombre et leurs qualités.

CHAPITRE IV.

Naissance de la poésie. Penchant naturel pour l'imitation; goût du chant et du rhythme. Deux caractères différents de la poésie. Origines de la tragédie et de la comédie.

La poésie semble devoir sa naissance à deux choses que la nature a mises en nous. Nous avons tous pour l'imitation un penchant qui se manifeste dès notre enfance. L'homme est le plus imitatif des animaux, c'est même une des propriétés qui nous distinguent d'eux : c'est par l'imitation que nous prenons nos premières leçons; enfin tout ce qui est imité nous plaît, on peut en juger par les arts. Des objets que nous ne verrions qu'avec peine, s'ils étaient réels, des bêtes hideuses, des cadavres, nous les voyons avec plaisir dans un tableau, lors même qu'ils sont rendus avec la plus grande vérité.

La raison est que non-seulement les sages, mais tous les hommes en général ont du plaisir à apprendre, bien que ceux-ci n'y participent pas autant. Or, les imitations font plaisir, parce que, dans l'instant même qu'on les voit, on sait, par un raisonnement aussi prompt que le coup d'œil ce que c'est que chaque objet, par exemple, que c'est un tel. Si l'on n'a point vu l'original, alors ce n'est plus de l'imitation que vient le plaisir, mais du travail de l'art ou du coloris, ou de quelque autre cause. Le goût du chant et du rhythme ne nous étant pas moins naturel que celui de l'imitation (car il est évident que le vers fait partie du genre rhythmique), ceux qui, dans l'origine, se trouvèrent nés avec des dispositions particulières, firent des essais de génie, lesquels, se développant peu à peu, donnèrent naissance à la poésie. Or celle-ci, en naissant, suivit le caractère de ses auteurs, et se partagea en deux genres. Ceux qui se sentaient portés au genre noble peignirent les actions et les aventures des héros. Ceux qui se sentaient portés vers les genres bas peignirent les hommes méchants et vicieux, et firent des satires, comme les premiers des hymnes et des éloges. Nous n'avons rien dans ce second genre qui soit plus ancien qu'Homère, quoique, selon toute apparence, il y ait eu beaucoup de ces ouvrages avant lui. Mais, à partir d'Homère, nous en avons, tels que son *Margitès* [1] et d'autres, dans lesquels on a employé l'ïambe, qui est le vers propre à la satire, à laquelle même il a donné son nom, qu'elle porte encore aujourd'hui, parce que c'était en vers ïambiques que les poëtes s'escrimaient les uns contre les autres. Ainsi, dans l'origine, deux sortes de poëtes : les uns héroïques, et les autres satiriques. Comme Homère a donné le modèle des poëtes héroïques (je le cite seul, non-seulement parce qu'il excelle, mais parce que ses imitations sont drama-

1. C'est le titre d'un poème où Homère s'était diverti à peindre en ridicule un fainéant.

tiques), il a aussi donné la première idée de la comédie, en peignant dramatiquement le vice, non en odieux, mais en ridicule : car son *Margitès* est à la comédie ce que l'*Iliade* et l'*Odyssée* sont à la tragédie. La tragédie et la comédie s'étant une fois montrées, tous ceux que leur génie portait à l'un ou à l'autre de ces deux genres préférèrent, les uns, de faire des comédies au lieu de satires ; les autres, des tragédies au lieu de poëmes héroïques, parce que ces nouvelles formes avaient plus d'éclat et donnaient aux poëtes plus de célébrité. Quant à examiner si la tragédie a maintenant atteint ou non toute sa perfection, soit considérée en elle-même, soit relativement au théâtre, c'est une autre question. La tragédie étant donc née comme d'elle-même, ainsi que la comédie : l'une du dithyrambe, l'autre des farces satiriques, qui sont encore en usage dans quelques-unes de nos villes, la première se perfectionna peu à peu, à mesure qu'on apercevait ce qui pouvait lui convenir ; et, après divers changements, elle se fixa à la forme qu'elle a maintenant, et qui est sa véritable forme. Elle n'avait d'abord qu'un acteur, Eschyle lui en donna un second ; il abrégea le chœur, et introduisit l'usage d'un prologue. Sophocle ajouta un troisième acteur et décora la scène. On donna aux fables plus de grandeur, et au style plus d'élévation. Ce qui toutefois se fit assez tard : car l'un et l'autre se ressentirent assez longtemps des farces satiriques, dont la tragédie tirait une partie de son origine. Le vers, de tétramètre qu'il était, devint trimètre. Le tétramètre avait été employé dans le commencement, parce que la première poésie était satirique et toute dansante ; mais dès que le dialogue fut introduit, le genre de vers qui lui convenait le plus fut indiqué par la nature même. Car, de tous les vers, l'iambique est le plus propre au dialogue. Cela est si vrai qu'il nous en échappe souvent dans la conversation ; au lieu que nous ne faisons guère d'hexamètres que quand nous sortons du style simple. Enfin on multiplia les épisodes, et on perfectionna toutes les parties les unes après les autres. C'en est assez sur cet objet, car il serait long d'en marquer tous les degrés.

CHAPITRE V.

De la comédie, sa définition. Comparaison de la tragédie et de l'épopée.

La comédie est, comme nous l'avons dit, l'imitation du mauvais; non du mauvais pris dans toute son étendue, mais de celui qui cause la honte et constitue le ridicule. Car le ridicule est une faute, une difformité qui ne cause ni douleur ni destruction : un visage contourné et grimaçant est ridicule et ne cause point de douleur. On sait par quels degrés et par quels auteurs la tragédie s'est perfectionnée. Il n'en est pas de même de la comédie, parce que celle-ci n'attire pas dans ses commencements la même attention. Ce ne fut même qu'assez tard que l'archonte en donna le divertissement au peuple. C'étaient des acteurs volontaires [1]. Mais quand une fois elle a eu pris une certaine forme, elle a eu aussi ses auteurs, qui sont renommés. On ignore cependant quel est l'inventeur des masques et des prologues, qui a augmenté le nombre des acteurs, ainsi que d'autres détails de ce genre. Mais on sait que ce fut Épicharme et Phormis qui commencèrent à y mettre une action (c'est donc à la Sicile qu'on doit cette partie), et que, chez les Athéniens, Cratès fut le premier qui abandonna la satire personnelle et qui traita des choses en général. L'épopée a suivi les traces de la tragédie jusqu'au vers exclusivement, étant, comme elle, une imitation du beau par le discours. Mais elle en diffère par la forme, qui est le récit; par le vers, qui est toujours le même; et enfin par l'étendue : la tragédie tâche de se renfermer dans un tour de soleil, ou s'étend peu au delà, et l'épopée

---

1. C'est-à-dire qui n'étaient ni aux gages ni aux ordres du gouvernement.

n'a point de durée déterminée, quoique dans les commencements il en fût de même pour les tragédies. Quant à leurs parties, elles sont les mêmes, à quelques accessoires près, que l'épopée n'a point. Par conséquent, qui saura ce que c'est qu'une bonne ou une mauvaise tragédie, saura de même ce que c'est qu'une épopée. Tout ce qui est dans l'épopée est dans la tragédie; mais tout ce qui est dans la tragédie n'est pas dans l'épopée.

CHAPITRE VI.

De la tragédie; sa définition. De ses différentes parties : la fable, les mœurs, les paroles, les pensées, le spectacle, le chant.

Nous parlerons ci-après de l'épopée et de la comédie. Ici il ne sera question que de la tragédie; et pour en donner une définition exacte, nous rassemblerons tout ce que nous en avons dit. La tragédie est l'imitation d'une action grave, entière, étendue jusqu'à un certain point, par un discours revêtu de divers agréments, accompagné dans ses diverses parties de formes dramatiques, et non par un simple récit, qui, en excitant la terreur et la pitié, admet ce que ces sentiments ont de pénible. Je dis un discours revêtu de divers agréments : ces agréments sont le rhythme, le chant et le vers. Je dis dans ses diverses parties, parce qu'il y a des parties où il n'y a que le vers, et d'autres où il y a le vers et le chant musical. Puisque c'est en agissant que la tragédie imite, il est nécessaire premièrement que le spectacle, la mélopée, les paroles, soient des parties de la tragédie : car c'est par ces trois moyens que la tragédie exécute son imitation. J'appelle *paroles* la composition des vers, et *mélopée* ce dont tout le monde sait l'effet. En second lieu, puisque c'est une action que la tragédie imite, et qui s'exécute par des personnages agissants, qui sont nécessairement caractérisés par leurs mœurs et par leur pensée actuelle (car c'est par ces deux choses que les

actions humaines sont caractérisées), il s'ensuit que les
actions, qui font le bonheur ou le malheur de tous tant
que nous sommes, ont deux causes, les mœurs et la
pensée. Or l'imitation de l'action est la fable : car j'appelle *fable* l'arrangement des parties dont est composée
une action poétique. J'appelle *mœurs* ce qui caractérise
celui qui agit, et *pensée*, l'idée ou le jugement qui se
manifeste par la parole. Il y a donc nécessairement dans
toute tragédie six parties : la fable, les mœurs, les paroles, les pensées, le spectacle, le chant ; deux de ces parties sont les moyens avec lesquels on imite ; une est la
manière dont on imite ; trois sont l'objet qu'on imite. Il
n'y a rien au delà. Il n'y a point de tragique qui n'emploie
ces six parties, et qui n'ait spectacle ou représentation,
fable, mœurs, pensées, paroles, chant. Mais de ces parties, la plus importante est la composition de l'action.
Car la tragédie est l'imitation non des hommes, mais
de leurs actions, de leur vie, de ce qui fait leur bonheur
ou leur malheur. Car le bonheur de l'homme est dans
l'action. La fin même est action et n'est pas qualité. La
qualité fait que nous sommes tels ou tels ; mais ce sont
les actions qui font que nous sommes heureux, ou que
nous ne le sommes pas. Les poëtes tragiques ne composent donc point leur action pour imiter le caractère
et les mœurs ; ils imitent les mœurs pour produire l'action : l'action est donc la fin de la tragédie. Or en toutes
choses la fin est ce qu'il y a de plus important. Sans
action, il n'y a point de tragédie : il peut y en avoir
sans mœurs. La plupart de nos pièces modernes n'en
ont point. C'est même le défaut assez ordinaire des
poëtes comme des peintres. Zeuxis était fort inférieur à
Polygnote en cette partie. Celui-ci excellait dans la peinture des mœurs : on n'en voit point dans les tableaux de
Zeuxis. Il en est de même des paroles et des pensées. On
peut coudre ensemble de belles maximes, des pensées
morales, des expressions brillantes, sans produire l'effet
de la tragédie ; et on le produira si, sans avoir rien de

tout cela, on a une fable bien dressée et bien composée.
Enfin ce qu'il y a de plus touchant dans la tragédie, les
reconnaissances, les péripéties, sont des parties de l'action. Aussi ceux qui commencent à composer réussissent-
ils bien mieux dans la diction, et même dans les mœurs,
que dans la composition de l'action. On peut en juger par
les premières tragédies. L'action est donc la base, l'âme
de la tragédie, et les mœurs n'ont que le second rang.
Elles sont à l'action ce que les couleurs sont au dessin :
les couleurs les plus vives répandues sur une table feu-
raient moins d'effet qu'un simple crayon qui donne la
figure. En un mot, la tragédie imite des gens qui agissent : elle est donc l'imitation d'une action. La pensée
a le troisième rang. Elle consiste à faire dire ce qui est
dans le sujet ou ce qui convient au sujet. Cette partie
se traite ou dans le genre simple et familier, ou dans le
genre oratoire; autrefois c'était le familier, aujourd'hui
c'est l'oratoire. Les mœurs sont ce qui fait sentir quel
est le dessein de celui qui agit : ainsi il n'y a point de
mœurs dans les pièces où l'on ne pressent point ce que
veut ou ne veut pas celui qui parle. La pensée est ce qui
indique ce qu'une chose est ou n'est point, ou plus géné-
ralement ce qui indique quelque chose. La diction
suit les pensées. J'entends par *diction*, comme il a été
dit ci-devant, l'interprétation des pensées par les mots.
Elle a le même effet, soit en vers, soit en prose. La cin-
quième partie est la mélopée. C'est des agréments de la
tragédie celui qui fait le plus de plaisir. Quant au spectacle, dont l'effet sur l'âme est si grand, ce n'est point
l'affaire du poëte. La tragédie subsiste tout entière sans
la représentation et sans le jeu des acteurs. Ces deux
choses sont plus spécialement du ressort des ordonna-
teurs du théâtre que de celui des poëtes.

CHAPITRE VII.

Comment doit être composée l'action de la tragédie.

Après avoir défini les différentes parties de la tragédie et prouvé que l'action est la principale de ces parties, voyons comment doit être composée cette action. Nous avons établi que la tragédie est l'imitation d'une action entière et parfaite, et nous avons ajouté, d'une certaine étendue, car il y a des choses qui sont entières et qui n'ont point d'étendue. J'appelle *entier* ce qui a un commencement, un milieu et une fin. Le commencement est ce qui ne suppose rien avant soi, mais qui veut quelque chose après. La fin, au contraire, est ce qui ne demande rien après soi, mais qui suppose nécessairement, ou le plus souvent, quelque chose avant soi. Le milieu est ce qui suppose quelque chose avant soi, et qui demande quelque chose après. Ceux qui composent une fable ne doivent point la commencer ni la finir au hasard, mais se régler sur les idées qui viennent d'être exposées. Venons à l'étendue. Tout composé appelé *beau*, soit animal, soit d'un autre genre, doit non-seulement être ordonné dans ses parties, mais encore avoir une certaine étendue : car qui dit *beauté* dit *grandeur et ordre*. Un animal très-petit ne peut être beau, parce qu'il faut le voir de près, et que les parties trop réunies se confondent. D'un autre côté, un objet trop vaste, un animal qui serait de dix mille stades, ne pourrait être vu que par parties, et alors on en perdrait l'ensemble. De même donc que, dans les animaux et dans les autres corps naturels, on veut une certaine grandeur qui toutefois puisse être saisie d'un même coup d'œil; de même, dans l'action d'un poëme, on veut une certaine étendue, mais qui puisse aussi être embrassée toute à la fois et faire un seul tableau dans l'esprit. Quelle sera la mesure de cette étendue? Si on la considère relativement aux acteurs et aux spectateurs, il est évident que l'art ne

peut la déterminer. Par exemple, s'il fallait jouer cent
pièces en un jour, il faudrait bien alors prendre pour
mesure la clepsydre, dont on dit qu'on s'est servi autrefois, je ne sais en quel temps. Mais si l'on considère la
nature même de la chose, plus une pièce aura d'étendue, plus elle sera belle, pourvu qu'on puisse en saisir
l'ensemble. En un mot, elle aura l'étendue qui lui sera
nécessaire pour que les incidents, naissant les uns des
autres, nécessairement ou vraisemblablement, amènent
la révolution du bonheur au malheur ou du malheur au
bonheur.

———

CHAPITRE VIII.

*De l'unité de la fable. L'unité consiste, non dans l'unité du
héros, mais dans l'unité de l'action.*

La fable sera une, non par l'unité de héros, comme
quelques-uns l'ont cru : car, de même que de plusieurs
choses qui arrivent à un seul homme on ne peut faire
un seul événement, de même aussi, de plusieurs actions
que fait un seul homme on ne peut faire une seule
action. Ceux qui ont fait des Héracléides, des Théséides,
ou d'autres poëmes semblables étaient donc dans l'erreur. Ils ont cru, parce qu'Hercule était un, que leur
poëme l'était aussi. Homère, si supérieur en tout aux
autres poëtes, l'a encore été dans cette partie, où il a
jugé mieux qu'eux, soit par la science de l'art, soit par
son bon sens naturel. Il s'est bien gardé d'employer
dans son *Odyssée* toutes les aventures d'Ulysse, comme
sa folie simulée, sa blessure au mont Parnasse, dont
l'une n'est liée à l'autre ni nécessairement ni vraisemblablement. Mais il a rapproché tout ce qui tenait à
une seule et même action, et il en a composé son
poëme. Il a suivi la même méthode dans son *Iliade*.
De même donc que, dans les autres arts imitateurs,
l'imitation est une quand elle est d'un seul objet, il faut,

dans un poëme, que la fable soit l'imitation d'une seule action, que cette action soit entière, et que les parties en soient tellement liées entre elles, qu'une seule transposée ou retranchée, ce ne soit plus un tout, ou le même tout. Car tout ce qui peut être dans un tout ou n'y être pas sans qu'il y paraisse, n'est point partie de ce tout.

CHAPITRE IX.

Différence du poëte et de l'historien. Des fables épisodiques dans la tragédie.

Par tout ce que nous venons de dire, il est évident que l'objet du poëte est, non de traiter le vrai comme il est arrivé, mais comme il aurait pu arriver, et de traiter le possible selon le vraisemblable ou le nécessaire : car la différence du poëte et de l'historien n'est point en ce que l'un parle en vers, l'autre en prose ; les écrits d'Hérodote mis en vers ne seraient toujours qu'une histoire. Ils diffèrent en ce que l'un dit ce qui a été fait, et l'autre ce qui aurait dû être fait : et c'est pour cela que la poésie est beaucoup plus philosophique et plus instructive que l'histoire. Celle-ci peint les choses dans le particulier ; la poésie les peint dans le général. Le *général* est ce qu'un homme quelconque, d'un caractère donné, peut ou doit dire ou faire, selon le vraisemblable ou le nécessaire que la poésie en a vue lorsqu'elle impose les noms de l'histoire. Le *particulier* est ce qu'a fait Alcibiade, ou ce qu'on lui a fait. Ce procédé est sensible, surtout dans la comédie, où les poëtes composent d'abord leur sujet selon le vraisemblable, pour y mettre après les noms qui s'offrent à leur imagination. Dans les satires c'est le contraire : on prend d'abord les noms des personnes, ensuite on arrange sur elles l'action. Mais dans la tragédie on emploie les noms de l'histoire. La raison est que nous croyons aisément ce qui nous paraît possible, et que ce qui n'est pas encore arrivé ne nous paraît pas aussi pos-

sible que ce qui est arrivé : car, s'il n'eût pas été possible, il ne serait pas arrivé. Cependant il y a des tragédies où l'on s'écarte de cette règle, et où l'on ne trouve
qu'un ou deux noms qui soient vrais. Il y en a même où
tous les noms sont feints, comme dans la *Fleur* d'Agathon : car noms et sujet, tout y est de pure fiction, et la
pièce n'en fait pas moins de plaisir. Ce n'est donc pas une
nécessité que les sujets soient tirés des histoires connues.
Il serait même ridicule de l'exiger, par la raison évidente
que les histoires connues ne le sont que du petit nombre,
et que les pièces font le même plaisir à tous. Il suit de
là qu'un poëte doit être poëte plus par la composition
de l'action que par celle des vers, puisqu'il n'est poëte que
parce qu'il imite, et que ce sont des actions qu'il imite. Il
ne le serait toutefois pas moins quand l'action serait vraie,
parce que rien n'empêche que le vrai ne ressemble au
vraisemblable, qui seul fait et constitue le poëte. Parmi
les fables ou actions simples, les *épisodiques* sont les
moins bonnes. J'entends par fables épisodiques celles
dont les parties ne sont liées entre elles ni nécessairement ni vraisemblablement : ce qui arrive aux poëtes
médiocres, par leur faute, et aux bons, par celle des acteurs. Pour faire à ceux-ci des rôles qui leur plaisent, on
étend une fable au delà de sa portée, les liaisons se rom-
pent, et la continuité n'y est plus. La tragédie étant non-
seulement l'imitation d'une action, mais d'une action
qui excite la terreur et la pitié, cet effet se produit quand
les événements naissent les uns des autres, surtout sans
être attendus. Ils causent alors bien plus de surprise que
s'ils arrivaient comme d'eux-mêmes et par hasard. Cela
est si vrai, que ceux que le hasard produit sont plus pi-
quants quand ils semblent être l'effet d'un dessein.
Quand, à Argos, la statue de Mytis tomba sur celui qui
avait tué ce même Mytis et l'écrasa au moment qu'il la
considérait, cela fut intéressant, parce que cela semblait
renfermer un dessein. J'en conclus qu'on doit donner ce
mérite aux fables de la poésie.

CHAPITRE X.

Différence des fables. De l'action simple et de l'action implexe.

Les fables sont simples ou implexes : car les actions dont les fables sont les imitations sont évidemment l'un ou l'autre. J'appelle action *simple* celle qui, étant une et continue, comme on l'a dit, s'achève sans reconnaissance ni péripétie; et *implexe*, celle qui s'achève avec reconnaissance ou péripétie, ou avec l'une et l'autre. Ce qui doit naître de la constitution même de la fable comme effet, ou nécessaire, ou vraisemblable, de ce qui précède, car autre chose est de naître de telle chose ou après telle chose.

CHAPITRE XI.

De la péripétie et de la reconnaissance.

La péripétie est une révolution subite, produite nécessairement ou vraisemblablement par ce qui a précédé, comme dans l'*Œdipe* de Sophocle. On croyait apprendre à ce roi une heureuse nouvelle et le délivrer de ses frayeurs par rapport à sa mère, en lui faisant connaître qui il était, et on fait tout le contraire. De même dans *Lyncée* [1] : ce jeune époux allait à la mort, Danaüs le suivait pour l'immoler; et il se trouve, par une suite naturelle de ce qui a précédé, que c'est Danaüs qui meurt et Lyncée qui est sauvé. La reconnaissance est, comme le mot l'indique, un passage de l'ignorance à la connaissance, qui produit l'amitié ou la haine entre les personnages destinés au bonheur ou au malheur. Les plus belles reconnaissances sont celles qui se font en

1. Tragédie attribuée à Théodecte.

même temps que la péripétie, comme dans *Œdipe*. Il y
a encore d'autres reconnaissances : celle des choses ina-
nimées, ou d'autres objets qui se rencontrent par hasard, comme il a été dit ; ou celle des faits, lorsqu'il
s'agit de savoir si c'est tel ou tel qui en est l'auteur ;
mais celle de toutes qui convient le plus à une fable est
celle des personnes: car c'est celle-là qui, jointe à la péripétie, produit la terreur ou la pitié, c'est-à-dire l'effet
propre de la tragédie ; c'est de celle-là encore que naît le
bonheur ou le malheur des personnages. Puisque la reconnaissance tragique est celle des personnes, il s'ensuit
qu'il y a la reconnaissance simple, quand l'un des pre-
sonnages reconnaît l'autre dont il était connu, et la reconnaissance double, lorsque deux personnages, incon-
nus l'un à l'autre, se reconnaissent mutuellement,
comme dans *Iphigénie;* Oreste reconnaît sa sœur par la
lettre qu'elle envoie, et il est reconnu d'elle par un autre
moyen. Voilà des espèces de fables marquées par la péripétie et par la reconnaissance. On y en joint une troisième marquée par ce qu'on appelle *catastrophe*. On a
défini la péripétie et la reconnaissance. La catastrophe est
une action douloureuse ou destructive : comme des
meurtres exécutés aux yeux des spectateurs, des tourments cruels, des blessures et autres accidents semblables.

CHAPITRE XII.

Des divisions de la tragédie quant à son étendue.

On a vu ci-devant quelles sont les parties de la tragédie qui la constituent dans ses espèces : celles qui
constituent son étendue et dans lesquelles on la divise
sont le prologue, l'épisode, l'exode et le chœur ; et dans
le chœur, l'entrée, le chœur restant en place : voilà ce
qui est de toute tragédie ; mais ce qui n'appartient qu'à
quelques-unes, ce sont les lamentations que le chœur

partage avec les acteurs. Le *prologue* est tout ce qui précède l'entrée du chœur. L'*épisode* est ce qui est entre les chants du chœur. L'*exode* est toute la partie qui est après la sortie du chœur. Dans le chœur, il y a le chœur *entrant*, lorsque tout le chœur commence à parler et à s'unir à l'action ; le chœur *restant en place*, lorsque le chant du chœur est sans anapestes et sans trochées ; la *lamentation*, lorsque le chœur gémit et se plaint avec les acteurs. Voilà les parties de la tragédie quant à leur nombre et à leur étendue ; on a parlé précédemment de celles qui la constituent dans son espèce.

CHAPITRE XIII.

Du choix des personnages principaux. Du dénoûment.

Voyons maintenant, après les définitions que nous venons de donner, à quoi le poëte doit tendre et ce qu'il doit éviter en composant sa fable, et comment il produira l'effet de la tragédie. Puisqu'une tragédie, pour avoir toute sa perfection possible, doit être implexe et non simple, et être l'imitation du terrible et du pitoyable (car c'est le propre de ce genre d'imitation), il s'ensuit d'abord qu'elle ne doit point présenter des personnages vertueux, qui d'heureux deviendraient malheureux : car cela ne serait ni pitoyable, ni terrible, mais odieux ; ni des personnages méchants, qui de malheureux deviendraient heureux : car c'est ce qu'il y a de moins tragique. Cela n'a même rien de ce qui doit être dans une tragédie : il n'y a ni pitié, ni terreur, ni exemple pour l'humanité ; ce ne sera pas non plus un homme très-méchant, qui d'heureux deviendrait malheureux : il pourrait y avoir un exemple, mais il n'y aurait ni pitié ni terreur : l'une a pour objet l'innocent, l'autre notre semblable qui souffre ; car la pitié naît du malheur non mérité, et la terreur, du malheur d'un être qui nous ressemble. Le malheur du méchant n'a donc rien de pitoyable, ni de terrible pour nous. Il reste le milieu à prendre : c'est que le personnage ne soit ni trop vertueux ni trop juste, et qu'il tombe dans le malheur non par un crime atroce ou une méchanceté noire, mais par quelque faute ou erreur humaine, qui le précipite du faite des grandeurs et de la prospérité, comme Œdipe, Thyeste, et les autres personnages célèbres de familles semblables. Une fable bien composée sera donc simple plutôt que double, quoi qu'en disent quelques-uns : la catastrophe y sera du bonheur au malheur, et non du malheur au bonheur : ce ne sera point par un crime, mais par quelque grande faute ou faiblesse d'un personnage tel que nous avons dit, ou même bon encore plus que mauvais. L'expérience donne la preuve de cette doctrine. Les premiers poëtes mettaient sur la scène tous les sujets, tels qu'ils se présentaient. Aujourd'hui les belles tragédies sont prises dans un petit nombre de familles, comme celles d'Alcméon, d'Œdipe, d'Oreste, de Méléagre, de Thyeste, de Télèphe, dans lesquelles il s'est passé ou fait des choses terribles : telle doit être la composition de la fable d'une tragédie selon les règles de l'art. C'est à tort qu'on blâme Euripide de ce que la plupart de ses pièces se terminent au malheur : il est dans les principes. La preuve est que sur la scène et dans la représentation celles qui se terminent au malheur paraissent toujours, toutes choses égales d'ailleurs, plus tragiques que les autres. Aussi Euripide, quoiqu'il ne soit pas toujours heureux dans la conduite de ses pièces, est-il regardé comme le plus tragique des poëtes. Je mets au second rang, quoique quelques-uns leur donnent le premier, les pièces qui ont une catastrophe double, comme l'*Odyssée*, où les bons et les méchants éprouvent un changement de fortune. Ceux qui leur donnent le premier rang n'ont égard qu'à la faiblesse des spectateurs, à laquelle les poëtes ont la complaisance de se prêter quelquefois. La joie que cette espèce de dénoûment produit appartient au comique et non au tragique : car dans le comique les plus grands ennemis, fussent-ils Oreste et Égisthe, deviennent amis au dénoûment ; et personne n'y donne la mort ni ne la reçoit.

CHAPITRE XIV.

De la terreur et de la pitié. Ces émotions doivent naître de la composition même de la fable plutôt que du spectacle.

On peut produire le terrible et le pitoyable par le spectacle, ou le tirer du fond même de l'action. Cette seconde manière est préférable à la première, et marque plus de génie dans le poëte : car il faut que la fable soit tellement composée, qu'en fermant les yeux, et à en juger seulement par l'oreille, on frissonne, on soit attendri sur ce qui se fait ; c'est ce qu'on éprouve dans l'*Œdipe*. Quand c'est l'effet du spectacle, l'honneur en appartient à l'ordonnateur du théâtre plutôt qu'à l'art du poëte. Mais ceux qui, par le spectacle, produisent l'effrayant au lieu du terrible ne sont plus dans le genre ; car la tragédie ne doit point donner toutes sortes d'émotions, mais celles-là seulement qui lui sont propres. Puisque c'est par la pitié et par la terreur que le poëte tragique doit produire le plaisir, il s'ensuit que ces émotions doivent sortir de l'action même. Voyons donc quelles sont les actions les plus capables de produire la terreur et la pitié. Il est nécessaire que ces actions se fassent par des personnes amies entre elles, ou ennemies ou indifférentes. Qu'un ennemi tue son ennemi, il n'y a rien qui excite la pitié, ni lorsque la chose se fait, ni lorsqu'elle est près de se faire ; il n'y a que le moment de l'action. Il en est de même des personnes indifférentes. Mais si le malheur arrive à des personnes qui s'aiment ; si c'est un frère qui tue ou qui est au moment de tuer son frère,

un fils son père, une mère son fils, un fils sa mère, ou
quelque chose de semblable, c'est alors qu'on est ému :
et c'est à quoi doivent tendre les efforts du poëte. Il faut
donc bien se garder de changer les fables reçues ; je veux
dire qu'il faut que Clytemnestre périsse de la main
d'Oreste, comme Ériphyle de celle d'Alcméon. C'est au
poëte à chercher des combinaisons heureuses, pour
mettre ces fables en œuvre. Or voici quelles peuvent être
ces combinaisons. Premièrement, l'action peut se faire
comme chez les anciens, par des personnes qui sachent
et qui connaissent ; comme Euripide lui-même l'a fait
dans sa *Médée*, qui égorge ses enfants qu'elle connaît.
Secondement, on peut achever, mais sans connaître, et
reconnaître après avoir achevé, comme l'*Œdipe* de Sophocle ; mais ici le fait est hors du drame. Dans l'*Alcméon* d'Astydamas et dans l'*Ulysse blessé par Télégone*,
il est dans le drame même. Il y a encore une troisième
manière, qui est d'aller jusqu'au moment d'achever, parce
qu'on ne connaît pas, et de reconnaître avant que d'a-
chever. Il n'y en a point d'autres : car il faut achever ou
ne pas achever, avec connaissance ou sans connaître.
Être au moment d'achever avec connaissance et ne pas
achever, est la plus mauvaise de toutes ces manières. La
chose est odieuse, sans être tragique ; car il n'y a nul
événement malheureux : aussi a-t-elle été rarement employée. Il n'y en a qu'un exemple dans l'*Antigone* de
Sophocle, où Hémon entreprend contre Cléon et n'achève
point. La seconde manière est d'achever ; et dans cette
espèce, il est mieux d'achever sans connaître et de reconnaître après avoir achevé ; l'ignorance ôte l'odieux,
et la reconnaissance est infiniment touchante. Enfin la
dernière de ces manières est la meilleure : comme dans
le *Cresphonte*, où Mérope est au moment de frapper son
fils, qu'elle ne frappe pas, parce qu'elle le reconnaît ; et
dans *Iphigénie*, la sœur était au moment d'immoler son
frère ; et dans *Hellé*, Phryxus allait livrer sa mère : il la
reconnaît. C'est par cette raison, comme on l'a dit il y

a longtemps, que les tragédies sont renfermées dans un petit nombre de familles. Car ce ne fut point par l'étude de l'art, mais par hasard, que les premiers poëtes trouvèrent que les fables devaient avoir pour sujet des malheurs. C'est pour cela qu'ils se sont attachés aux familles où sont arrivés les malheurs qui conviennent à leur genre. C'en est assez sur la manière de composer les actions tragiques, et sur les qualités qu'elles doivent avoir.

CHAPITRE XV.

Des mœurs. Elles doivent être bonnes, convenables, ressemblantes, égales. Des dénoûments artificiels. De l'art d'embellir les caractères.

Quant à ce qui concerne les mœurs, il y a quatre choses à observer. Il faut premièrement qu'elles soient *bonnes*. Nous avons dit qu'il y a des mœurs dans un poëme, lorsque le discours ou la manière d'agir d'un personnage font connaître quelle est sa pensée, son dessein. Les mœurs sont bonnes, quand le dessein est bon ; elles sont mauvaises, quand le dessein est mauvais. Cette bonté de mœurs peut être dans tout sexe et dans toute condition : une femme peut être bonne, même un esclave ; quoique d'ordinaire les femmes qu'on met sur les théâtres soient plus mauvaises que bonnes, et que les esclaves soient toujours mauvais. Il faut, en second lieu, que les mœurs soient *convenables*. La bravoure est un caractère de mœurs ; mais elle ne convient point à une femme, qui ne doit être ni brave ni hardie. Troisièmement, elles seront *ressemblantes* : car c'est autre chose que d'être bonnes ou convenables, comme il a déjà été dit. Enfin elles seront *égales* ; et si le personnage imité a pour caractère l'inégalité, en traitant ce caractère, on le fera également inégal. On a un exemple de

mœurs mauvaises gratuitement, dans le Ménélas de
l'*Oreste*[1] ; de mœurs non convenables, dans les lamentations d'Ulysse, dans la *Scylla*, et dans les discours trop
savants de Ménalippe ; et de mœurs inégales dans l'*Iphigénie à Aulis* ; car Iphigénie est faible et suppliante au
commencement, et à la fin elle est pleine de force et de
courage. Le poëte, dans la peinture des mœurs, doit
avoir toujours devant les yeux, ainsi que la composition
de la fable, le nécessaire et le vraisemblable, et se dire à
tout moment à lui-même : Est-il nécessaire, est-il vraisemblable que tel personnage parle ainsi ou agisse ainsi ?
est-il nécessaire ou vraisemblable que telle chose arrive
après telle autre? Il suit de là évidemment que les dénoûments doivent sortir du fond même du sujet, et non
se faire par machine comme dans la *Médée* ou dans le
retour des Grecs de la petite *Iliade*. On peut faire usage
de la machine pour ce qui est hors du drame, qui est
arrivé avant l'action, et que nul homme ne peut savoir ;
ou pour ce qui doit arriver après, et qui a besoin d'être
annoncé ou prédit : car c'est la croyance des hommes
que les dieux voient tout. En un mot, dans les fables
tragiques, il ne doit y avoir rien d'invraisemblable :
sinon il sera hors de la tragédie, comme dans l'*Œdipe*
de Sophocle. La tragédie étant l'imitation du meilleur,
les poëtes doivent suivre la pratique des bons peintres
qui font les portraits ressemblants, et toutefois plus
beaux que les modèles. Ainsi lorsqu'un poëte aura à peindre des hommes ou trop ardents ou trop timides, ou
d'autres mœurs pareilles, loin de charger encore le défaut,
il le rapprochera de la vertu, comme Homère et Agathon
ont fait leur Achille. Ces règles doivent s'observer ici,
et outre cela dans les parties du spectacle qui dépendent
nécessairement de la poésie, car souvent on y fait des
fautes. Il en a été suffisamment parlé dans les ouvrages
qu'on a publiés sur cette matière.

1. Tragédie d'Euripide.

CHAPITRE XVI.

Des quatre espèces de reconnaissances.

Nous avons dit ci-dessus ce que c'est que la reconnaissance ; ici nous en marquerons les espèces. La première, qui ne demande point d'art, et que la plupart des poëtes emploient, faute de mieux, est celle qui se fait par les signes. Ces signes sont ou naturels, comme la lance empreinte sur le corps des Thébains nés de la terre, et l'étoile sur celui de Thyeste dans la pièce de Carcinus ; ou accidentels, soit inhérents au corps, comme les cicatrices ; soit détachés du corps, comme les colliers, les bracelets, le petit berceau dans *Tyro*. Mais dans cette espèce il y a deux manières, dont l'une est meilleure que l'autre. Par exemple, Ulysse est reconnu par sa cicatrice, autrement par sa nourrice, et autrement par ses pâtres. Cette dernière manière et les autres, où le signe est donné en preuve, demandent moins d'art. Mais les reconnaissances au moyen d'une péripétie comme celle du Bain sont préférables. La seconde espèce est de celles qui sont imaginées par le poëte, et qui par conséquent n'ont point beaucoup d'art. Ainsi, dans Euripide, Oreste reconnait sa sœur par le moyen d'une lettre, et est reconnu d'elle par des renseignements, en disant ce qu'il plaît au poëte de lui faire dire : car ce qu'il dit n'est point tiré du fond de la fable. Aussi cette seconde reconnaissance a-t-elle quelque chose du défaut des premières : car le poëte l'eût pu tirer de son sujet. Il en est de même du *Térée* de Sophocle, où la reconnaissance se fait par une navette qui rend un son. La troisième espèce est par le souvenir, lorsqu'à la vue d'un objet on éprouve quelque affection marquée : comme dans les *Cypriens* de Dicéogène, où le héros, voyant un tableau, laisse échapper des larmes ; et, dans l'apologue d'Alcinoüs, Ulysse entend le joueur de cithare : il se rappelle un souvenir, et pleure ; ce qui

le fait reconnaître. La quatrième espèce est par le raisonnement, comme dans les *Choëphores* : « Il est venu
un homme qui me ressemble; personne ne me ressemble
qu'Oreste : c'est donc Oreste qui est venu. » Et dans
l'*Iphigénie* de Polyidus le sophiste, il est naturel qu'O-
reste fasse cette réflexion : « Ma sœur a été immolée, je
vais donc l'être comme elle. » Et dans le *Tydée* de Théodecte : « Un roi allait pour chercher son fils, et lui-même
il périt. » Et encore dans les *Filles de Phinée* : « Ces filles,
voyant le lieu où on les menait, raisonnèrent sur le sens
de l'oracle qui leur avait été rendu, et jugèrent que c'é-
tait là qu'elles devaient mourir, parce que c'était là
même qu'elles avaient été exposées[1]. » Il y a une autre
reconnaissance qui se fait par un faux raisonnement du
spectateur, comme dans *Ulysse faux messager*. Le personnage dit qu'il reconnaîtra l'arc d'Ulysse, qu'il n'a
jamais vu. Le spectateur, croyant qu'il l'a effectivement
reconnu, en tire une fausse conséquence. De ces reconnaissances, la meilleure est celle qui naît de l'action
même et qui frappe par sa vraisemblance, comme dans
l'*Œdipe* de Sophocle et dans l'*Iphigénie* d'Euripide : car
il est naturel qu'Iphigénie, dans le cas où elle est, veuille
donner des lettres pour Oreste. Ce sont les seules qui se
fassent sans colliers ou indice; après celles-là, les meil-
leures sont celles du raisonnement.

CHAPITRE XVII.

Conseils pour la composition des tragédies : se mettre par l'imagina-
tion à la place des spectateurs et des personnages de la tragédie.

Lorsque le poëte compose sa fable ou qu'il écrit, il
doit se mettre à la place du spectateur. Voyant alors

---

1. L'oracle avait sans doute prédit qu'elles mourraient au lieu
où elles avaient été exposées. On ne connaît point le sujet de cette
pièce.
2.

son ouvrage dans le plus grand jour, et comme s'il était témoin de ce qui se fait, il sentira mieux ce qui convient ou ce qui ne convient pas. Ce fut faute de cette précaution que Carcinus échoua. Amphiaraüs sortait du temple ; et le spectateur, qui ne l'avait point vu sortir, l'ignorait. On fut blessé de cette inattention du poëte, et sa pièce tomba. Il faut encore que le poëte, autant qu'il est possible, soit acteur en composant. L'expression de celui qui est dans l'action est toujours plus persuasive : on s'agite avec celui qui est agité ; on souffre, on s'irrite avec celui qui souffre, qui est irrité. C'est pour cela que la poésie demande une imagination vive ou une âme susceptible d'enthousiasme : l'une peint fortement, l'autre sent de même. Quel que soit le sujet qu'on traite, il faut commencer par le crayonner en général : par exemple, s'il s'agit d'Iphigénie, vous direz : « Une jeune princesse était au moment d'être sacrifiée ; tout à coup elle est enlevée sous le couteau des prêtres, et se trouve transportée dans une contrée lointaine, où elle devient elle-même prêtresse. Dans ce pays, c'était l'usage de sacrifier tous les étrangers qui y arrivaient par mer. Son frère y arrive : et cela, parce qu'un dieu le lui avait ordonné, pour exécuter une certaine entreprise, qui est hors du général [1]. Pourquoi cette entreprise ? Cela est hors de la donnée du sujet [2]. Il y vient, il est arrêté, et au moment où il allait être égorgé par sa sœur, il est reconnu par elle ; soit comme chez Euripide, ou plutôt comme chez Polyidus, parce qu'il s'écrie : Ma sœur a été sacrifiée, je vais donc l'être aussi : et cette exclamation le sauve. » Après cela on remet les noms, on fait les détails

---

1. C'est-à-dire qui rentre dans le fait particulier. Cette entreprise était d'enlever la statue de Diane et de la transporter à Athènes.

2. Oreste s'était chargé de cette entreprise pour obtenir l'expiation de son parricide et la délivrance des tourments que lui faisaient éprouver les Furies : ce qui n'est plus du sujet de l'*Iphigénie en Tauride*.

qui doivent tous être propres au sujet, comme dans l'*Oreste*, sa fureur maniaque, qui le fait prendre, et son expiation qui le sauve. Dans les drames, les détails sont plus courts, et plus longs dans les épopées. L'*Odyssée*, par exemple, prise en général, se réduit à peu de chose :
« Un homme est absent de chez lui pendant plusieurs
« années ; il est persécuté par Neptune, de manière qu'il
« perd tous ses compagnons et reste seul. D'un autre
« côté, sa maison est au pillage ; les amants de sa femme
« dissipent son bien et veulent faire périr son fils. Cet
« homme, après des travaux infinis, revient chez lui, se
« fait connaître à quelques amis fidèles, attaque ses en-
« nemis, les fait périr, et se rétablit dans son premier
« état. » Voilà le fond de l'action ; tout le reste est détail ou épisode.

CHAPITRE XVIII.

Du nœud et du dénoûment dans la tragédie. Éviter les épisodes convenables à l'épopée. Le rôle du chœur.

Dans toute tragédie il y a un nœud et un dénoûment. Les obstacles antérieurs à l'action, et souvent une par-tie de ce qui se rencontre dans l'action, forment le nœud : le reste est le dénoûment. J'appelle *nœud* tout ce qui est depuis le commencement de la pièce jusqu'au point précis où la catastrophe commence ; et *dénoûment,* tout ce qui est depuis le commencement de la cata-strophe jusqu'à la fin. Ainsi dans le *Lyncée* de Théodecte, le nœud est tout ce qui a été fait avant et jusqu'à la prise du jeune homme inclusivement, et le dénoûment est depuis l'accusation de meurtre jusqu'à la fin. Nous avons dit ci-dessus qu'il y a quatre caractères de tra-gédie : l'implexe, qui a reconnaissance et péripétie ; la tragédie pathétique, comme les *Ajax* et les *Ixions*[1] ; la

---

1. Ajax se tuait lui-même ; Ixion était attaché à sa roue.

morale, comme les *Phthiotides* et *Pélée*[1] ; enfin la quatrième, qui est simple et unie, comme les *Phorcides* et
Prométhée, et tout ce qui se fait aux enfers. Le poëte
doit tâcher de réussir dans ces quatre espèces, ou du
moins dans le plus d'espèces qu'il lui sera possible, et
dans les plus importantes : cela est nécessaire, aujour-
d'hui surtout que le public est devenu difficile. Comme
on a vu des poëtes qui excellaient chacun dans quelqu'un
de ces genres, on voudrait aujourd'hui que chaque poëte
eût lui seul ce qu'ont eu tous les autres ensemble. On ne
doit pas dire d'une pièce qu'elle est ou n'est pas la
même qu'une autre pièce, quand le sujet est le même,
mais quand c'est le même nœud et le même dénoûment.
La plupart des poëtes forment bien le nœud et le dé-
nouent mal : cependant il faut réussir également dans
l'un et l'autre. Il faut bien se souvenir, comme on l'a dit
souvent, de ne point faire d'une tragédie une composition épique. J'appelle composition épique celle dont les
épisodes peuvent former autant d'actions, comme si
quelqu'un s'avisait de faire de toute l'*Iliade* une seule
pièce. Dans l'épopée, l'étendue du poëme permet de
longs épisodes : dans les drames, ils ne réussiraient pas
de même. Aussi ceux qui ont voulu représenter la ruine
de Troie en entier, et non quelqu'une de ses parties,
comme Euripide a fait dans sa *Niobé* et dans sa *Médée*,
ou comme Eschyle, ont-ils vu tomber leurs pièces et
manqué le prix. C'est cela seul qui a fait tort à Agathon.
Dans les pièces où il y a péripétie seulement, et dans les
simples, les poëtes font quelquefois leur dénoûment par
une sorte de merveilleux, qui est tout à la fois tragique
et intéressant : c'est un homme rusé, mais méchant, qui
est trompé comme Sisyphe ; c'est un homme brave,
mais injuste, qui est vaincu ; cela est vraisemblable,
parce que, comme dit Agathon, il est vraisemblable qu'il
arrive des choses qui ne sont point vraisemblables. Il faut

1. Pélée, prince vertueux et ami des dieux.

encore que le chœur soit employé pour un acteur, et qu'il
soit partie du tout, non comme chez Euripide, mais
comme chez Sophocle. Dans les autres poëtes, les chœurs
n'appartiennent pas plus à l'action qu'à toute autre tragédie : ce sont des morceaux étrangers à la pièce. C'est
Agathon qui a donné ce mauvais exemple. Car quelle différence y a-t-il de chanter des paroles étrangères à une
pièce, ou d'insérer dans cette pièce des morceaux, ou
même des actes entiers d'une autre pièce ?

CHAPITRE XIX.

Des pensées et de l'élocution dans la tragédie.

Jusqu'ici il a été question des parties constitutives de
la tragédie[1]. Il ne reste plus qu'à traiter de l'élocution et
des pensées. On trouve ce qui regarde les pensées dans
nos livres sur la rhétorique, à qui cette matière appartient. La pensée comprend tout ce qui s'exprime dans le
discours, où il s'agit de prouver, de réfuter, d'émouvoir
les passions, la pitié, la colère, la crainte, d'amplifier,
de diminuer. Or il est évident que dans les drames on
use des mêmes formes lorsqu'il s'agit de rendre le terrible, le pitoyable, le grand, le vraisemblable. Il y a seulement cette différence que, de toutes ces formes, les
unes doivent se manifester en dehors de la mise en scène,
tandis que les autres, celles qui tiennent à la parole, ne
peuvent exister que par la parole et par le débit. Car
quel serait le mérite de l'élocution dramatique, si le
plaisir qu'elle cause venait des pensées et non de l'élocution même? Il y a encore, par rapport à l'expression,
une autre partie à considérer, c'est celle des figures ;
mais elle regarde principalement les maîtres de la décla-
mation : car c'est à eux de savoir avec quel ton et quel
geste on ordonne, on prie, on raconte, on menace, on

1. Voyez le chap. VI.

interroge, on répond, *etc.* Qu'un poëte sache ou ignore cette partie, on ne peut pas lui en faire un crime. Qui peut reprocher à Homère, comme l'a fait Protagore, d'avoir commandé, au lieu de prier, lorsqu'il a dit : « *Muse, chante la colère du fils de Pélée ?* » Car, dit-il, commander, c'est ordonner de faire quelque chose ou le défendre. Nous ne répondrons point à cette critique, qui ne regarde point la poésie.

CHAPITRE XX.

Des éléments grammaticaux du langage. Des mots, de leurs parties composantes, de leurs espèces.

Dans ce qui concerne les mots, on distingue l'élément, la syllabe, la conjonction, l'article, le nom, le verbe, le cas, enfin l'oraison. L'élément est un son indivisible qui peut entrer dans la composition d'un mot. Car tout son indivisible n'est pas un élément : les cris des animaux sont des sons indivisibles, et ne sont point des éléments. Les éléments sont de trois espèces : sonores, demi-sonores, non sonores[1]. Les sonores ont par eux-mêmes le son, sans avoir besoin d'articulation, comme α, ω. Les demi-sonores ont le son joint à l'articulation, comme σ, ρ. Les non sonores ont par eux-mêmes l'articulation[2] sans le son, et n'ont le son que par un des éléments sonores, comme γ, δ. Les différences de ces éléments, dans leurs espèces, viennent des configurations de la bouche, des endroits où ils se forment, de la douceur ou de la force de l'aspiration ; de la longueur ou

---

1. C'est-à-dire voyelles, demi-voyelles et muettes. Cette division est philosophique et complète.
2. On entend ici par *articulation* la modification donnée aux sons par l'impression de la langue, du palais, des dents, des lèvres, en un mot des organes de la parole, qui pressent le son ou l'arrêtent en son passage.

de la brièveté de leur prononciation ; de l'accent grave,
ou aigu, ou moyen, comme on peut le voir dans les arts
métriques. La syllabe est un son non significatif, composé d'une voyelle et d'une muette : γρ sans α n'est
point une syllabe, avec α c'en est une, γρα. Les détails
sur cette partie sont encore de l'art métrique. La conjonction est un mot non significatif qui ne donne ni
n'ôte à un mot la signification qu'il a, et qui peut
être composé de plusieurs sons. Elle se place ou au
milieu ou aux extrémités ; à moins que par elle-même
elle ne soit faite pour être au commencement, comme
μέν, ἤτοι, δή. Ou, si l'on veut, c'est un mot non significatif, qui de plusieurs mots significatifs ne fait qu'un
sens [1]. L'article est un mot non significatif, qui marque
le commencement, ou la fin, ou la distinction dans le discours, comme τὸ φημί, le dire, τὸ περί, les environs, etc.;
ou encore un mot non significatif qui peut être composé de plusieurs sons, qui n'ôte ni ne change rien à la
signification des mots significatifs, et qui se place tantôt
aux extrémités, tantôt au milieu. Le nom est un mot significatif, qui ne marque point les temps, et dont les
parties séparées ne signifient rien : car dans les noms
doubles on ne prend point les parties dans leur sens
particulier : dans Θεόδωρον, δῶρον ne signifie rien. Le
verbe est un mot significatif qui marque les temps, et
dont les parties séparées ne signifient pas plus que celle
du nom : homme, blanc, ne marquent point le temps :
il marche, il a marché, signifient, l'un le présent, l'autre le passé. Le cas appartient au nom et au verbe : il
marque les rapports, de, à, etc., les nombres, un ou plusieurs, l'homme ou les hommes ; ou les manières de
dire, l'interrogation, le commandement, etc. Il est

1. Aristote confond la conjonction avec la préposition, qui
effectivement ne diffèrent l'une de l'autre qu'en ce que la préposition a un régime et que la conjonction n'en a point. Il dit que
la conjonction n'est point significative, parce qu'elle ne signifie que
les rapports des idées et non les idées mêmes.

parti, partez, sont des cas du verbe. Le discours est une suite de sons significatifs[1], dont quelques parties signifient par elles-mêmes quelque chose. Car tout discours n'est pas composé de noms et de verbes, comme la définition de l'homme : le discours peut être sans verbe ; mais chacune de ses parties a toujours sa signification particulière : dans *Cléon marche, Cléon* a une signification. Le discours est un de deux manières : lorsqu'il ne signifie qu'une seule chose, comme la définition de l'homme, ou qu'il lie entre eux une suite de mots, comme l'*Iliade.*

CHAPITRE XXI.

Des formes du nom. Des métaphores. Des figures de grammaire.

Il y a des noms simples, nommés ainsi, parce qu'ils ne sont pas composés d'autres noms significatifs, comme γῆ, *terre ;* et des noms doubles, qui sont composés d'un mot significatif et d'un autre mot qui ne l'est point, ou de deux mots tous deux significatifs. Il peut y en avoir de triples, de quadruples, *etc.*, comme l'*Hermocaïcoxanthus* des Mégaliotes et beaucoup d'autres. Tout nom est ou propre, ou étranger, ou métaphorique, ou d'ornement, ou forgé exprès, ou allongé, ou raccourci, ou enfin changé de quelque manière. J'appelle *propre* le mot dont tout le monde se sert dans un pays, et *étranger* celui qui appartient à la langue d'un autre pays. Ainsi le même mot peut être propre et étranger selon les pays : σίγυνον, *épieu,* est propre chez les Cypriens, étranger chez nous. La métaphore est un mot transporté de sa signification propre à une autre signification : ce qui se

1. Dans toutes ces définitions, Aristote a toujours conservé le même genre, φωνή, *voix, son,* auquel il a ajouté par degré les différences propres de chaque espèce. On n'a pu conserver cette précision logique dans la traduction.

fait en passant du genre à l'espèce, ou de l'espèce au genre, ou de l'espèce à l'espèce, où par analogie. Du genre à l'espèce, comme dans Homère, *mon vaisseau s'est arrêté ici :* car être dans le port est une des manières d'être arrêté. De l'espèce au genre : *Ulysse a fait mille belles actions : mille* pour *beaucoup.* De l'espèce à l'espèce : *il lui arracha la vie, il lui trancha la vie : trancher* et *arracher* sont l'un pour l'autre, et signifient également *ôter.* Par analogie, quand de quatre termes le second est au premier ce que le quatrième est au troisième, et qu'au lieu du second on dit le quatrième, et au lieu du quatrième le second. Quelquefois même on met simplement le mot analogue au lieu du mot propre. Ainsi, la coupe étant à Bacchus comme le bouclier est à Mars, on dira que *le bouclier est la coupe de Mars,* et *la coupe, le bouclier de Bacchus.* De même le soir étant au jour ce que la vieillesse est à la vie, on dira que *le soir est la vieillesse du jour;* et *la vieillesse, le soir de la vie,* ou, comme l'a dit Empédocle, *le coucher de la vie.* Il y a des cas où il n'y a point de mot analogue, et toutefois celui qu'on emploie n'est pas employé par analogie : par exemple, répandre du grain sur la terre, c'est *semer ;* quoiqu'il n'y ait point de verbe pour exprimer l'action du soleil répandant sa lumière, on a dit *le soleil semant sa divine lumière,* parce que l'action du soleil répond à l'action de semer du grain. On peut encore user autrement de cette sorte de métaphore, en joignant au mot figuré une épithète qui lui ôte une partie de ce qu'il a au propre : comme si l'on disait que le bouclier est, non *la coupe de Mars,* mais *la coupe sans vin.* Le mot *forge* est celui que le poëte fabrique de sa propre autorité, et dont avant lui personne n'avait usé. Nous en avons plusieurs qui semblent de cette espèce, comme ἐρνύτας pour χέρατα (cornes) et ἀρητῆρα pour ἱερέα (grand prêtre). Le mot *allongé* est celui où l'on met une voyelle longue à la place d'une brève, ou auquel on ajoute une syllabe, comme πόλεως pour πόληος, Πηλείδου pour Πηληϊάδεω. Le mot *raccourci* est celui auquel on ôte quelque chose, comme κρῖ pour κριθή, δῶ pour δῶμα, ὄψ pour ὄψις, comme dans l'exemple suivant : μία γένεται ἀμφοτέρων ὄψ (tous deux ont même visage). Le mot est *changé* quand on en conserve une partie et qu'on y en ajoute une autre, δεξιτερόν pour δεξιόν. Il y a aussi des noms masculins, des féminins et des neutres. Les masculins ont trois terminaisons, par ν, par ρ, par ς, ou par une des lettres doubles qui renferment une muette, ψ, ξ. Les féminins en ont trois aussi, par les voyelles toujours longues η ω, ou qui peuvent s'allonger comme α, de manière qu'il y a autant de terminaisons pour les masculins que pour les féminins, car ψ et ξ se terminent par ς. Il n'y a point de nom qui se termine par une consonne absolument muette, ni par une voyelle brève. Il n'y en a que trois en ι, μελι, κόμμι, πέπερι ; cinq en υ, πῶϋ, νάπυ, γόνυ, δόρυ, ἄστυ. Les neutres ont pour terminaisons propres ces deux dernières consonnes, et le ν et le ς.

———

CHAPITRE XXII.

De l'élocution poétique ; des moyens de la relever.

L'élocution poétique doit avoir deux qualités : être claire et être au-dessus du langage vulgaire. Elle sera claire, si les mots sont pris dans leur sens propre ; mais alors elle n'aura rien qui la relève : tel est le style de Cléophon et de Sthénélus. Elle sera relevée, et au-dessus du langage vulgaire, si l'on y emploie des mots extraordinaires, je veux dire, des mots étrangers, des métaphores, des mots allongés, en somme, tout ce qui n'est point du langage ordinaire. Mais, si le discours n'est composé que de ces mots, ce sera une énigme ou un barbarisme continu. Ce sera une énigme, si tout est métaphore ; un barbarisme, si tout est étranger. Car on définit l'énigme, le vrai sous l'enveloppe de l'impossible :

ce qui peut se faire par la métaphore, et non par l'arrangement des mots, comme : *J'ai vu un homme qui, avec du feu, collait de l'airain sur un autre homme*, et autres exemples semblables. Le barbarisme est l'emploi d'un mot étranger. C'est pourquoi l'on en use sobrement. L'élocution poétique sera donc au-dessus du langage ordinaire par les métaphores, les mots étrangers, les épithètes d'ornement, et par les autres espèces que nous avons indiquées ; et elle sera claire par les mots propres. Un moyen qui ne contribue pas peu à relever l'élocution, sans la rendre moins claire, c'est d'allonger les mots, de les raccourcir, d'y changer des lettres, des syllabes. Comme alors les mots n'ont plus leur forme usitée, ils paraissent extraordinaires ; et cependant, comme ce sont toujours les mêmes mots, ils conservent leur clarté. On a donc tort de faire aux poëtes un crime de ces licences, et de les tourner en ridicule sur cet objet. Il est bien aisé, disait Euclide l'ancien, de faire des vers, lorsqu'on se permet d'étendre et de changer les syllabes. Euclide lui-même a fait l'un et l'autre, même dans la prose. La chose serait ridicule, sans doute, si cela se faisait comme dans les exemples qu'on propose. Mais il y a des bornes ici comme partout. Qui hérisserait un discours de métaphores, de mots étrangers, sans choix et sans mesure, et pour être ridicule, y réussirait certainement. Mais, si l'on en use modérément, on verra, surtout dans l'épopée, combien ces locutions font d'effet. Qu'on mette dans un vers les mots propres à la place des métaphores, des mots étrangers, et des autres, on sentira combien ce que nous disons est vrai. Eschyle et Euripide ont rendu la même idée dans un vers ïambique : celui-ci n'a changé qu'un seul mot, il a remplacé le mot propre par un mot étranger ; le premier a fait un vers médiocre, *un ulcère mange mes chairs ;* Euripide a fait un beau vers, *un ulcère cruel se repait de mes chairs.* Que dans les vers où Homère a mis ὀλίγος, οὐτιδανός, ἄκικυς, on mette μικρός, ἀσθενικός, ἀειδής ; ou dans un autre endroit où il y a ἀεικέλιον et ὀλίγην, qu'on mette μοχθηρόν et μικράν, ce ne sont plus des vers : et ailleurs, qu'on dise, *les rivages retentissent*, au lieu de *les rivages mugissent* : quelle différence ! Il y a encore un certain Ariphradès qui a voulu railler les tragiques sur ces locutions dont personne n'use dans le langage commun, par exemple, lorsqu'ils écrivent δωμά-των ἄπο pour ἀπὸ δωμάτων, σέθεν, ἐγὼ δέ νιν, Ἀχιλλέως πέρι, et autres phrases semblables. C'est précisément parce que personne n'en use qu'elles relèvent l'élocu-tion : et c'est ce que cet Ariphradès ignorait. C'est un grand talent de savoir mettre en œuvre les locutions dont nous parlons, les mots doubles, les mots étran-gers, *etc.* ; mais c'en est un plus grand encore de savoir employer la métaphore. Car c'est la seule chose qu'on ne puisse emprunter d'ailleurs. C'est la production du génie, le coup d'œil d'un esprit qui voit les rapports. Les mots doubles conviennent spécialement au dithyrambe, les mots étrangers à l'épopée, les métaphores aux poëmes ïambiques [1] : avec cette différence que toutes ces espèces entrent également dans le vers héroïque, et que l'ïambique, imitant le langage familier, ne peut re-cevoir que ce qui est employé dans la conversation, c'est-à-dire le terme propre, la métaphore et quelques épithètes.

En voilà assez sur la tragédie, et sur tout ce qui a rapport à l'imitation dramatique.

1. C'est-à-dire aux poésies mordantes, aux drames satyriques et aux autres du même genre.

CHAPITRE XXIII.

Différence entre l'épopée et l'histoire pour le choix du sujet et la durée des événements.

Quant aux imitations en récit et en vers hexamètres, il est évident que dans ce genre, comme dans la tragédie, les fables doivent être dressées dramatiquement et renfermer une action qui soit une et entière ; qui ait un commencement, un milieu, une fin ; en un mot, qui soit un tout complet, comme l'est un animal, et qui nous donne un plaisir d'une espèce particulière, sans ressembler aucunement aux compositions historiques, dans lesquelles on est obligé, non de se renfermer dans une action, mais seulement dans un temps, dont on raconte tous les événements arrivés, soit à un seul, soit à plusieurs, de quelque manière que ces événements soient entre eux. Car de même que la bataille de Salamine et celle des Carthaginois en Sicile, qui se rencontrent dans le même temps, n'ont nul rapport entre elles ; de même, dans les événements consécutifs de l'histoire, les choses se font les unes après les autres, sans aller à une même fin. Il y a même bien des poëtes qui n'en usent pas autrement. Et c'est en quoi Homère semble encore divin en comparaison des autres. Il s'est bien gardé de traiter la guerre de Troie en entier, quoique, dans cette entreprise, il y eût commencement et fin. Le sujet eût été trop vaste et trop difficile à embrasser d'une seule vue : et s'il eût voulu le réduire à une juste étendue, il eût été trop chargé d'incidents. Qu'a-t-il fait ? Il n'en a pris qu'une partie, et a choisi dans le reste de quoi faire ses épisodes, comme le dénombrement des vaisseaux, et les autres morceaux qui servent à étendre son poëme et à le remplir. Les autres poëtes se sont contentés de prendre ou un seul héros, ou les événements d'une seule époque, ou une seule entre-

prise composée de plusieurs actions, comme l'auteur
des *Cypriaques* et de la *petite Iliade*. A peine tirerait-on
de l'*Iliade* d'Homère et de son *Odyssée* un ou deux sujets
de tragédie. On en tirerait tant qu'on voudrait des
Cypriaques, et huit au moins de la *petite Iliade* : le Jugement des armes, Philoctète, Néoptolème, Eurypyle, le
Mendiant, les Lacédémoniennes, la prise de Troie, le
retour des Grecs, Sinon, les Troades.

CHAPITRE XXIV.

L'épopée et la tragédie comparées.

L'épopée a encore les mêmes espèces que la tragédie ;
car elle est ou simple, ou implexe, ou morale, ou pathétique. Elle a les mêmes parties composantes, hors le
chant et le spectacle ; elle a les reconnaissances et les
événements tragiques ; enfin elle a les pensées et les
expressions non vulgaires. Homère a employé tout cela
le premier, et de la manière convenable. La fable de
l'*Iliade* est simple et pathétique ; celle de l'*Odyssée* est
implexe, morale, remplie de reconnaissances d'un bout
à l'autre ; à quoi il faut ajouter les pensées et les expressions, que ce poëte possède à un degré dont personne n'a
approché. Mais l'épopée diffère de la tragédie quant à
l'étendue et quant au vers. Nous avons parlé ci-dessus
de son étendue, et nous avons dit qu'il faut pouvoir en
embrasser à la fois le commencement et la fin d'une
seule vue. Ce qui se fera si les fables sont un peu moins
longues que celles des anciens : si l'on tâche, par
exemple, de les renfermer dans la durée de ce qu'on
joue de tragédies en un jour. L'épopée a, pour étendre
sa fable, beaucoup de moyens que n'a point la tragédie.
Celle-ci ne peut pas imiter à la fois plusieurs choses différentes, qui se font en même temps en divers lieux ;
elle ne peut donner que ce qui se fait sur la scène par

les acteurs qu'on voit. L'épopée, au contraire, étant en
récit, peut peindre tout ce qui est d'un même moment,
en quelque lieu qu'il soit, pourvu qu'il tienne au sujet :
ce qui la met en état de se montrer avec magnificence,
de transporter le lecteur d'un lieu à l'autre, et de varier
ses épisodes d'une infinité de manières ; et par là de
prévenir la satiété qui naît de l'uniformité, et fait tomber les tragédies. Le vers héroïque a été donné à l'épopée d'après l'expérience. Tout autre vers, soit mêlé,
soit sans mélange, serait déplacé chez elle. Le vers
héroïque est le plus grave et le plus majestueux des
vers. Aussi n'en est-il point qui soutienne mieux que
lui les métaphores et les mots étrangers. Car la narra-
tion épique est de toutes les poésies la plus hardie dans
son style. Le vers iambique et le tétramètre ont plus de
mouvement. Celui-ci est plus dansant, l'autre plus actif.
En les mêlant, comme a fait Chérémon, ils seraient
encore moins supportables dans l'épopée. Aussi personne ne s'est-il jamais avisé de faire un poëme d'une
certaine étendue, en autres vers que l'héroïque : nous
l'avons dit, la nature même a fait connaître quel devait
être son partage. Homère, admirable par tant d'autres
endroits, l'est encore en ce qu'il est le seul qui ait bien
su ce qu'il devait faire comme poëte. Le poëte, étant
imitateur, doit parler lui-même le moins qu'il est possible : car aussitôt qu'il se montre, il cesse d'être imitateur. Les autres se montrent partout dans leurs poëmes,
et ne sont imitateurs que de loin en loin, et pour des
instants. Homère, après un mot de préparation, fait
aussitôt parler soit un homme, soit une femme, ou quelque autre agent caractérisé : car chez lui nul personnage n'est sans un caractère. La tragédie doit étonner
par une sorte de merveilleux. L'épopée, pour étonner
encore plus, va jusqu'à l'incroyable ; parce que ce qui
se fait chez elle n'est point jugé par les yeux. Par
exemple, Hector fuyant devant Achille serait ridicule
sur la scène. On verrait d'un côté les Grecs immobiles,

et de l'autre Achille leur faisant signe de s'arrêter; mais, dans un récit, cela ne s'aperçoit point. Or ce qui est merveilleux plaît. C'est par cette raison que tous ceux qui racontent grossissent les objets pour faire plus de plaisir à ceux qui les écoutent. C'est encore Homère qui a montré la manière de faire passer le faux par un sophisme, dont voici le principe. On croit sans peine, lorsqu'une chose est, ou arrive ordinairement après une autre, que, si celle-ci est, ou est arrivée, l'autre doit être aussi, ou être arrivée ; or cette conséquence est fausse. Elle l'est de même quand on conclut de la première à la seconde, parce que la seconde souvent n'est pas une suite nécessaire de la première. Mais, ayant vu que la première était, nous en concluons machinalement que la seconde est aussi. Au reste, il vaut mieux employer l'impossible qui paraît vraisemblable que le possible qui ne le paraîtrait pas. Il faut non-seulement que les fables soient composées de parties toutes fondées en raison, mais que nulle part il n'y ait rien d'absurde ; sinon, il sera hors du drame, comme l'ignorance d'Œdipe sur les circonstances de la mort de Laïus ; et jamais dans le drame, comme dans l'*Électre*, où l'on parle des Jeux Pythiques [1] ; et dans les *Mysiens*, où l'on fait venir de Tégée jusqu'en Mysie un homme qui ne parle point. Mais sans cela le poëme n'avait pas lieu. Excuse ridicule : il n'y avait qu'à le composer autrement. Mais on en tire de grandes beautés. Si cela est, on pourra employer même l'absurde. Si, dans l'*Odyssée*, l'arrivée d'Ulysse en Ithaque, où tout est hors de vraisemblance, eût été traitée par un poëte médiocre, elle serait insoutenable. Mais Homère y a répandu tant de charmes, que l'absurdité disparaît. Cet exemple apprend aux poëtes combien ils doivent travailler les endroits faibles, qui ne fournissent ni tableau

1. Ces jeux n'avaient été institués que cinq cents ans après la mort d'Oreste, et l'on disait dans la pièce qu'Oreste y avait été tué en tombant de son char.

de mœurs ni pensées. Mais aussi quand il y a des pensées et des mœurs, un style trop brillant les obscurcit.

CHAPITRE XXV.

De certaines critiques sur les défauts de la poésie, des raisons qu'on peut leur opposer.

Nous parlerons ici des critiques, sur quels objets elles peuvent tomber, et de quelle manière on peut y répondre. Puisque le poëte est imitateur, ainsi que le peintre et tout artiste qui figure, il faut de ces trois choses l'une : qu'il imite les objets tels qu'ils sont ou qu'ils étaient, ou tels qu'on dit qu'ils sont et qu'ils semblent être, ou tels qu'ils devraient être. Cette imitation se fait par les mots, ou propres, ou étrangers, ou métaphoriques, ou changés de quelques-unes de ces manières dont on accorde le privilége aux poëtes. Outre cela, il n'en est pas de la poésie comme de la politique ou des autres arts qui n'imitent point. En poésie il y a deux sortes de fautes : les unes qui tombent sur la poésie même, les autres qui ne tombent point sur elle. Si la poésie a entrepris d'imiter ce qu'elle ne peut rendre, la faute tombe sur elle. Mais, si c'est l'objet qui a été mal choisi, ce n'est plus sur elle que la faute tombe. Par exemple, si on a fait lever à la fois les deux pieds droits à un cheval qui galope ; si l'on a péché par ignorance dans quelque art, comme la médecine ou autre, ou qu'on ait peint ce qui était impossible, rien de tout cela, de quelque manière qu'il soit, ne tombe sur la poésie. Avec cette distinction, on répondra à la plupart des critiques. Ainsi premièrement, si la chose employée par le poëte n'était pas possible dans l'art dont il parle, c'est une faute. Cependant, si cette faute a conduit l'art à son but ; si, par exemple, elle a rendu l'événement plus piquant, soit dans l'endroit même où elle est, soit ailleurs, elle

peut s'excuser : la poursuite d'Hector en est un exemple.
Toutefois si le poëme avait le même effet, ou à peu près,
en suivant la marche ordinaire de l'art, la faute ne serait plus excusable, parce que toutes les fautes doivent
être évitées, quand on le peut. On examinera ensuite si
la faute est dans ce qui appartient à la poésie même ou
dans ce qui lui est étranger : car c'est une faute bien
moindre d'avoir ignoré que la biche n'a point de cornes
que d'avoir peint une biche avec des cornes. Si l'on re-
proche au poëte de n'avoir pas peint les objets comme
ils sont, on dira qu'il les a peints comme ils devaient
être. Ce fut la réponse de Sophocle, en parlant de lui-
même et d'Euripide. On peut en user dans l'occasion. Ni
l'une ni l'autre de ces raisons n'est reçue. Dites que
c'était l'opinion : comme dans ce qui regarde les dieux.
Ce qu'on en dit n'est peut-être ni le vrai, ni le mieux :
du moins on ne le sait pas, comme disait Xénophane.
Ce n'est pas l'opinion commune; ce n'est pas le mieux :
mais c'est le fait : comme lorsqu'on blâme Homère
d'avoir dit, *leurs piques étaient fichées en terre* : c'était
la manière de ces peuples, comme encore aujourd'hui
chez les Illyriens. Quant à ce qui devait ou ne devait pas
être dit ou être fait, il ne faut pas seulement considérer
ce qui s'est dit ou ce qui s'est fait, s'il est bien ou s'il
est mal ; mais encore celui qui le dit ou qui le fait, et
de qui, et à qui, et quand et pourquoi; s'il s'agissait
d'un plus grand bien pour y arriver, ou d'un plus grand
mal pour l'éviter. On justifie la diction en disant que
c'est un mot étranger. On blâme Homère d'avoir dit que
la peste attaqua d'abord *les mulets* : on dira que le même
mot signifie *sentinelles*. Il a dit, par un mot ignoble,
que Dolon était *mal fait* : ce mot est noble, quand il se
prend pour *laid de visage* : et c'est le sens des Crétois.
Il fait boire aux ambassadeurs du *vin pur* : le même mot
signifie *promptement*. Un autre endroit sera justifié par
la métaphore : *Tous les dieux dormaient... Lorsqu'il je-
tait les yeux sur le camp troyen... La voix des flûtes et*

des haulbois: Tous est mis pour *beaucoup*; parce que tout est beaucoup..... *L'Ourse seule ne se baigne jamais dans les flots de l'Océan.* Il semble que ce qu'on voit le plus distinctement est *seul* ce qui est. Un autre le sera par l'accent; Hippias de Thasos justifie par là cet endroit d'Homère : *Nous lui promettons la victoire.* Changez l'accent, c'est le songe qui promet et non Jupiter : et cet autre où le même poëte semble dire d'un bois très-sec, qu'*il était trempé de pluie ;* ôtez l'accent, vous faites d'un pronom une négation. — Par la ponctuation, comme dans Empédocle : *Aussitôt ce qui était immortel devint mortel, et ce qui était simple auparavant devint mixte.* — Par ambiguïté : *La nuit est passée de plus des deux tiers :* ce *plus* est ambigu. — Par l'abus passé en usage : on appelle *vin* du vin mêlé d'eau ; *ouvriers en airain,* ceux qui travaillent en fer ; on dit aussi *des bottes d'étain ;* que Ganymède *verse du vin* aux dieux, quoique les dieux ne boivent point de vin : ce qui rentre dans la classe des métaphores. Quand un mot semble employé à contre-sens, il faut examiner en combien de sens il peut être pris dans l'endroit où il est. Ainsi quand Homère a dit, *le javelot resta à la lame d'or,* pour dire qu'*il s'y arrêta,* ce mot peut avoir plusieurs sens dans cet endroit ; mais le plus naturel est qu'il s'y arrêta sans la percer. On peut dire encore ce que disait Glaucon : qu'il y a des esprits qui se préviennent de leur opinion, et qui ayant condamné un endroit et prononcé en eux-mêmes, *cela est,* rejettent sans examen tout ce qui est contraire à leur pensée. C'est ce qui est arrivé au sujet d'Icarius. En supposant qu'il était Lacédémonien, on a trouvé mauvais que Télémaque, arrivant à Lacédémone, ne l'eût point visité. Mais si l'opinion des Céphaléniens est vraie, qu'Ulysse prit Pénélope chez eux, et que son beau-père se nommait Icadius, c'est l'erreur qui a occasionné la critique. En un mot, lorsqu'on voudra justifier un poëte qui aura employé l'impossible, on se rejettera sur le privilége de la poésie, ou sur le mieux, ou sur l'opinion :

sur le privilége de la poésie, qui préfère l'impossible vraisemblable au possible qui ne l'est point ; sur le mieux, parce que le modèle idéal du peintre doit être plus beau que la nature : les objets sont tels que les peignait Zeuxis ; sur l'opinion, qui admet l'incroyable : cela a pu arriver ainsi dans les temps éloignés. D'ailleurs il y a un vraisemblable extraordinaire qui ne paraît point vraisemblable. Quand il s'agira des contradictions, on examinera ce qui est dit, comme en dialectique : si c'est au même et de la même manière ; si l'homme parle en son nom ; s'il a le même objet, enfin s'il dit ce que doit dire un homme sensé. Une censure juste est celle qui tombe sur les invraisemblances et les méchancetés gratuites. On a un exemple de l'un dans l'*Égée* d'Euripide et de l'autre dans le Ménélas de son *Oreste*. Ainsi la critique peut tomber sur cinq chefs : sur l'impossible, sur l'invraisemblance, sur les méchancetés gratuites, sur les contradictions et sur les fautes de l'art. Les réponses se tirent des lieux communs que nous avons marqués, et qui sont au nombre de douze.

CHAPITRE XXVI.

De la supériorité de la tragédie sur l'épopée.

On peut demander laquelle des deux, de la tragédie ou de l'épopée, doit l'emporter sur l'autre. Si on donne la préférence à celle qui est la moins chargée, la moins forcée, et qui, comme telle, est faite pour des gens plus sages, il est évident que celle qui entreprend de rendre tout par l'imitation est plus forcée que l'autre. Les acteurs dans un drame se meuvent, s'agitent de toutes manières, comme si l'on ne pouvait les entendre sans cela ; semblables aux mauvais joueurs de flûte, qui, en jouant, pirouettent pour exprimer le roulement du disque, ou qui poussent et tirent le coryphée quand ils jouent la Scylla. Or, dit-on, la tragédie est comme les anciens comédiens pensent que les nouveaux sont à leur égard. Muniscus appelait Callippide *le singe*, parce qu'il forçait son jeu. Il avait la même opinion du comédien Tindare. Or l'épopée est à l'art chargé de la tragédie ce que les anciens acteurs sont aux nouveaux. D'où on conclut que l'épopée est la poésie des honnêtes gens, des hommes modérés, qui n'ont pas besoin qu'on accompagne des gestes ce qu'on leur dit ; et que la tragédie est pour ceux qui sont d'un caractère tout opposé : celle-ci est donc moins parfaite que l'épopée. On répond, quant aux gestes, que c'est à tort qu'on rejette sur la tragédie ce qui ne doit tomber que sur l'art du geste ; qu'on peut faire des gestes en récitant l'épopée, comme faisait Sosistrate ; qu'on peut même chanter, comme faisait Mnasithée d'Oponte ; que toutes les espèces de gestes ne sont pas à blâmer, non plus que toutes les espèces de danses, mais seulement ceux qui seraient indécents, comme ceux qu'on a reprochés à Callippide, et aux autres qui imitent des gestes de courtisanes : enfin que la tragédie produit, comme l'épopée, son effet sans la représentation, et qu'il lui suffit d'être lue. Si donc la tragédie est supérieure à l'épopée quant au reste, on n'a qu'à écarter la représentation et ensuite les juger. La tragédie, ayant tout ce qui est dans l'épopée (car elle aurait même son vers si elle voulait), a de plus qu'elle le chant et le spectacle qui causent le plus grand plaisir et le plus vif. Elle a le frappant des jeux de théâtre dans les reconnaissances et les autres parties de l'action. Elle est moins longue que l'épopée, et arrive plus tôt à son but. Or ce qui est serré, arrondi en soi, a bien plus de force et d'effet que ce qui est étendu dans une longue durée. Que deviendrait l'*Œdipe* si l'on en faisait un poëme épique ? L'unité y est plus exacte et plus stricte que dans l'épopée. Il est peu d'épopées dont on ne fît plus d'une tragédie. Si dans l'épopée il n'y a qu'une seule action, le poëme paraît maigre et tronqué. Si l'on étend cette

action comme elle doit l'être, c'est une couleur délayée.
Si de plusieurs actions on tâche de n'en faire qu'une, il
n'y a plus d'unité. Dans l'*Iliade* même et dans l'*Odyssée*,
quoique ces poëmes soient aussi parfaits qu'ils peuvent
l'être, par rapport à l'unité, il y a des parties qui ont
chacune assez d'étendue pour en faire autant de poëmes
a part. Si donc la tragédie a l'avantage sur l'épopée dans
tous ces points, et par rapport à l'effet qu'elle produit
(car les tragédies donnent à l'âme, non toute espèce de
plaisir, mais celui qu'on a dit), il est clair que la tragédie l'emporte sur l'épopée. Nous bornons ici ce que nous
avions à dire de la tragédie et de l'épopée ; de la nature
de l'une et de l'autre ; de leurs formes et de leurs parties ; du nombre et des différences de ces parties ; des
beautés et des défauts de ces deux genres et de leurs
causes, enfin des critiques et de la manière d'y répondre.

FIN.

TABLE DES CHAPITRES.

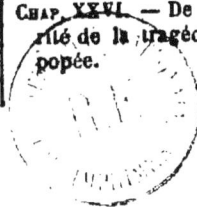